Contents

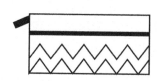

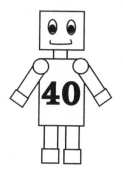

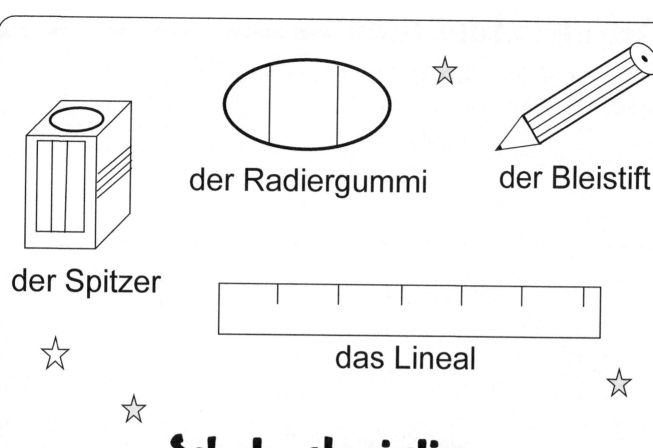

der Spitzer

der Radiergummi

der Bleistift

das Lineal

Schulmaterialien

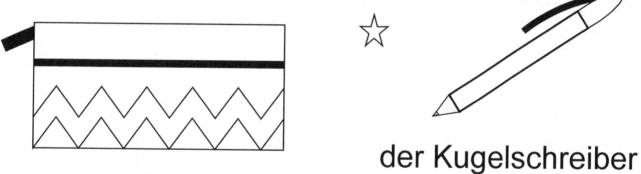

das Federmäppchen

der Kugelschreiber

das Heft

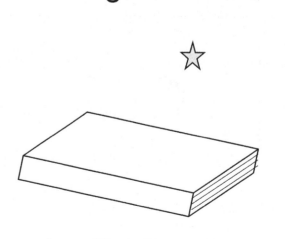

das Buch

Schulmaterialien

Schreib die Wörter ab und mal die Bilder ab.
(Copy the words and draw the pictures.)

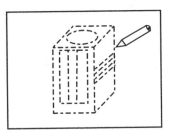 der Spitzer

der Spitzer

_____

 der Bleistift

_____

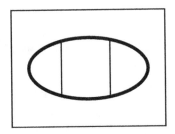 der Radiergummi

_____

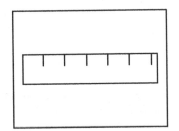 das Lineal

_____

 der Kugelschreiber

_____

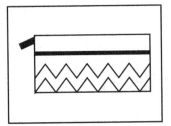 das Federmäppchen

_____

2

▬ Einkaufen gehen (Shopping) ▬

Wieviel kostet .....?   -   How much is ......?

Wieviel kostet der Bleistift?   -   How much is the pencil?

Frag auf deutsch nach dem Preis für die Schulmaterialien:
(Ask in German for the price of the things for school:)

a)  ✏ *Wieviel kostet der Radiergummi?*

_____

b)

_____

c)

_____

d)

_____

e)

_____

)

_____

g)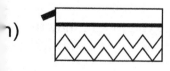

_____

h)

_____

---

der Radiergummi - the rubber   das Heft - the exercise book   das Buch - the book
der Spitzer - the pencil sharpener   der Kugelschreiber - the pen   das Lineal - the ruler
das Federmäppchen - the pencil case   der Bleistift - the pencil

Zählen macht Spaß! (Counting is fun!)

Zähle und notiere die richtige Anzahl auf Deutsch.
(Count and write the correct number in German.)

Zwei

_____ Lineal**e**

_____ Bleistift**e**

_____ Heft**e**

_____ Büch**er**

_____ Kugelschreiber

_____ Spitzer

_____ Federmäppchen

_____ Radiergummi**s**

Notice how in German, when there is more than one of something (a plural) extra letters may be added to the end of the word, but for three of the above there is no change. Also the u in Buch has two dots above it in the plural.

1	2	3	4	5	6	7	8	9	10
eins	zwei	drei	vier	fünf	sechs	sieben	acht	neun	zehn

Was ist in meinem Schulranzen?

(What is in my school backpack?)

Hallo, ich heiße Karl.
In meinem Schulranzen habe ich vier Kugelschreiber, sechs Bleistifte, zwei Radiergummis und drei Bücher.

Hallo, ich heiße Laura.
In meinem Schulranzen habe ich vier Bleistifte, fünf Radiergummis und drei Hefte.

Hallo, ich heiße Ben.
In meinem Schulranzen habe ich drei Lineale, zwei Spitzer, zwei Federmäppchen und zehn Bleistifte.

Beantworte die Fragen: (Answer the questions:)

Ben ✏

1) Who has two pencil sharpeners? _____

2) Who has three books? _____

3) How many pens does Karl have? _____

4) How many pencil cases does Ben have? _____

5) How many exercise books does Laura have? _____

6) Who has the most pencils? _____

7) Who has the most rubbers? _____

   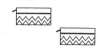

Bleistifte   Radiergummis   Kugelschreiber   Spitzer   Lineale   Bücher   Hefte   Federmäppchen

Schulmaterialien

Mal die Bilder in der richtigen Farbe an.
(Colour the pictures in the correct colour:)

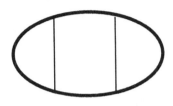

Der Radiergummi ist rosa.

Der Kugelschreiber ist blau.

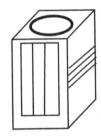

Der Spitzer ist gelb.

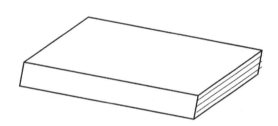

Das Buch ist rot.

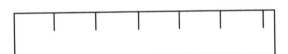

Das Lineal ist lila.

Das Heft ist grün.

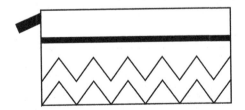

Das Federmäppchen ist rot.

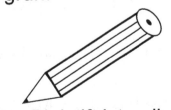

Der Bleistift ist gelb.

rot = red   blau = blue   rosa = pink   gelb = yellow   grün = green   lila = purple

6

Gitterrätsel (Word search)

Such die Wörter (Look for the words)

S	P	I	T	Z	E	R
H	B	S	F	T	U	K
G	E	W	F	Q	A	U
W	R	E	Y	R	P	G
F	H	W	Z	A	L	E
E	W	F	E	D	O	L
D	K	B	U	I	G	S
E	S	L	U	E	B	C
R	C	E	H	R	X	H
M	H	I	F	G	U	R
Ä	R	S	K	U	M	E
P	Y	T	G	M	H	I
P	A	I	Z	M	L	B
C	W	F	R	I	H	E
H	P	T	X	C	M	R
E	J	L	U	G	G	A
N	Q	B	Z	L	I	N
F	L	I	N	E	A	L

BLEISTIFT

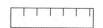

LINEAL

SPITZER

RADIERGUMMI

HEFT

BUCH

KUGELSCHREIBER

FEDERMÄPPCHEN

7

Zahlen 21 - 40

40 vierzig
39 neununddreißig
38 achtunddreißig
37 siebenunddreißig
36 sechsunddreißig

35 fünfunddreißig
34 vierunddreißig
33 dreiunddreißig
32 zweiunddreißig
31 einunddreißig

30 dreißig
29 neunundzwanzig
28 achtundzwanzig
27 siebenundzwanzig
26 sechsundzwanzig

25 fünfundzwanzig
24 vierundzwanzig
23 dreiundzwanzig
22 zweiundzwanzig
21 einundzwanzig

Zahlen 21-30

Welche Zahl ist das? (What number is it?)

a) **28**
achtundzwanzig
_____

b) **27**
_____

c) **23**
_____

d) **26**
_____

e) **24**
_____

f) **30**
_____

g) **22**
_____

21 einundzwanzig   24 vierundzwanzig   27 siebenundzwanzig   30 dreißig

22 zweiundzwanzig   25 fünfundzwanzig   28 achtundzwanzig

23 dreiundzwanzig   26 sechsundzwanzig   29 neunundzwanzig

Lass uns rechnen!

(Let's do the calculations!)

Schreib die Lösungen auf deutsch. (Write the answers in German.)

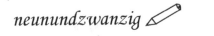 *neunundzwanzig*

a) zweiundzwanzig + sieben = _____

b) sechsundzwanzig + zwei = _____

c) dreiundzwanzig + drei = _____

d) einundzwanzig + neun = _____

e) vierundzwanzig + eins = _____

f) neunundzwanzig - acht = _____

g) dreißig - sieben = _____

h) achtundzwanzig - vier = _____

i) fünfundzwanzig - drei = _____

j) neunundzwanzig - zwei = _____

1	eins	6	sechs	21	einundzwanzig	26	sechsundzwanzig
2	zwei	7	sieben	22	zweiundzwanzig	27	siebenundzwanzi
3	drei	8	acht	23	dreiundzwanzig	28	achtundzwanzig
4	vier	9	neun	24	vierundzwanzig	29	neunundzwanzig
5	fünf	10	zehn	25	fünfundzwanzig	30	dreißig

Mathe (Maths)

Schreib die Lösungen auf deutsch. (Write the answers in German.)

einundzwanzig

a) sieben   x   drei   = _____

b) neun   x   drei   = _____

c) zehn   x   drei   = _____

d) acht   x   drei   = _____

e) sechs   x   fünf   = _____

f) sieben   x   vier   = _____

g) fünf   x   fünf   = _____

h) sechs   x   vier   = _____

i) elf   x   zwei   = _____

j) dreizehn   x   zwei   = _____

1 eins	7 sieben	21 einundzwanzig	26 sechsundzwanzig
2 zwei	8 acht	22 zweiundzwanzig	27 siebenundzwanzig
3 drei	9 neun	23 dreiundzwanzig	28 achtundzwanzig
4 vier	10 zehn	24 vierundzwanzig	29 neunundzwanzig
5 fünf	11 elf	25 fünfundzwanzig	30 dreißig
6 sechs	13 dreizehn		

Welche Zahl ist das? (What number is it?)

a) **34**
vierunddreißig ✏
_____

b) **31**
_____

c) **37**
_____

d) **38**
_____

e) **33**
_____

f) **40**
_____

g) **39**
_____

31 einunddreißig	34 vierunddreißig	37 siebenunddreißig	40 vierzig
32 zweiunddreißig	35 fünfunddreißig	38 achtunddreißig	
33 dreiunddreißig	36 sechsunddreißig	39 neununddreißig	

Mathe (Maths)

Schreib die Lösungen auf deutsch. (Write the answers in German.)

a) einunddreißig + drei = *vierunddreißig* _____

b) dreiunddreißig + fünf = _____

c) fünfunddreißig + zwei = _____

d) sechsunddreißig + vier = _____

e) achtunddreißig + eins = _____

f) siebenunddreißig - fünf = _____

g) neununddreißig - vier = _____

h) vierunddreißig - eins = _____

i) vierzig - vier = _____

j) zweiunddreißig - eins = _____

1	eins	6	sechs	31	einunddreißig	36	sechsunddreißig
2	zwei	7	sieben	32	zweiunddreißig	37	siebenunddreißig
3	drei	8	acht	33	dreiunddreißig	38	achtunddreißig
4	vier	9	neun	34	vierunddreißig	39	neununddreißig
5	fünf	10	zehn	35	fünfunddreißig	40	vierzig

▪ Welche Farben haben die Roboter? ▪

(What colour are the robots?)

Mal die Roboter in der richtigen Farbe an:
(Colour the robots in the correct colour:)

Roboter Nummer vierzig ist rot.   (Robot number 40 is red)

Roboter Nummer siebenunddreißig ist grün.

Roboter Nummer einunddreißig ist gelb.

Roboter Nummer zweiundzwanzig ist lila.

Roboter Nummer neunundzwanzig ist blau.

Roboter Nummer dreißig ist rosa.

Roboter Nummer fünfunddreißig ist gelb.

Roboter Nummer vierunddreißig ist blau.

Roboter Nummer sechsundzwanzig ist rot.

Roboter Nummer vierundzwanzig ist grün.

40	vierzig
37	siebenunddreißig
35	fünfunddreißig
34	vierunddreißig
31	einunddreißig
30	dreißig
29	neunundzwanzig
26	sechsundzwanzig
24	vierundzwanzig
22	zweiundzwanzig

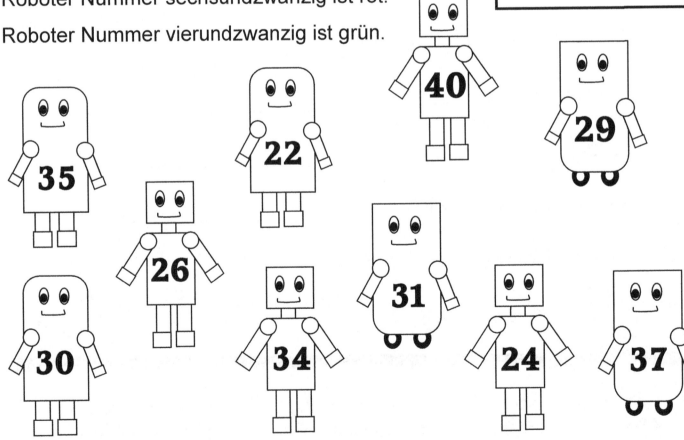

rot = red   blau = blue   rosa = pink   gelb = yellow   grün = green   lila = purpl

14

Gitterrätsel (Word search)

Such die Wörter (Look for the words)

20	21	22	27	30
ZWANZIG	EINUNDZWANZIG	ZWEIUNDZWANZIG	SIEBENUNDZWANZIG	DREIßIG

34	35	38	39	40
VIERUNDDREIßIG	FÜNFUNDDREIßIG	ACHTUNDDREIßIG	NEUNUNDDREIßIG	VIERZIG

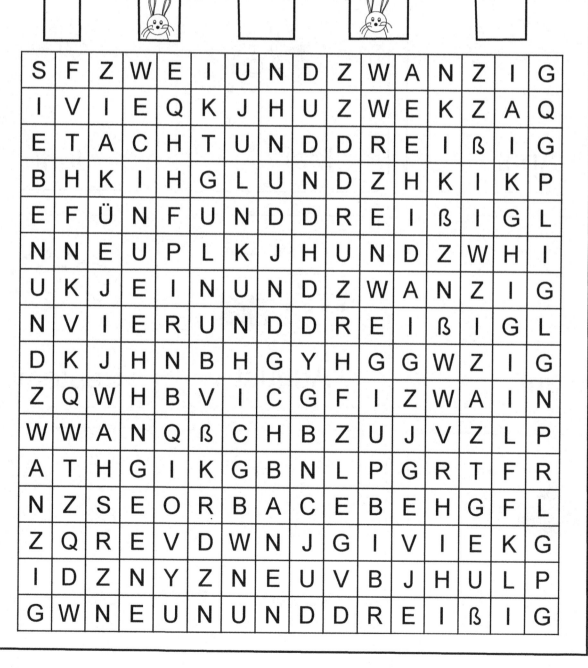

Monate (Months)

 Januar

 Februar

 März

 April

 Mai

 Juni

 Juli

 August

 September

 Oktober

 November

 Dezember

Monate (Months)

Schreib die Wörter ab und mal die Bilder ab.
(Copy the words and draw the pictures.)

 Januar

Januar

_____

 Februar

_____

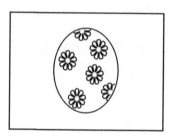 März

_____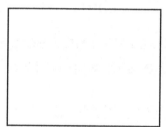

 Juli

_____

 Oktober

_____

 Dezember

_____

Wann hast du Geburtstag? (When is your birthday?)

Mein Geburtstag ist im ………	My birthday is in ……..

1   2   3   4   5   6   7

Januar   Februar   März   Juni   Juli   Oktober   Dezember

Folg den Linien und schreibe auf, wann die Leute Geburtstag haben.
(Follow the lines and write when the people have their birthdays.)

1) *Mein Geburtstag ist im Februar.*
   _____ .

2) _____ .

3) _____ .

4) _____ .

5) _____ .

6) _____ .

7) _____ .

Januar   Februar   März   Juni   Juli   Oktober   Dezember

▬ Jahreszeiten (Seasons) ▬▬▬▬▬▬▬

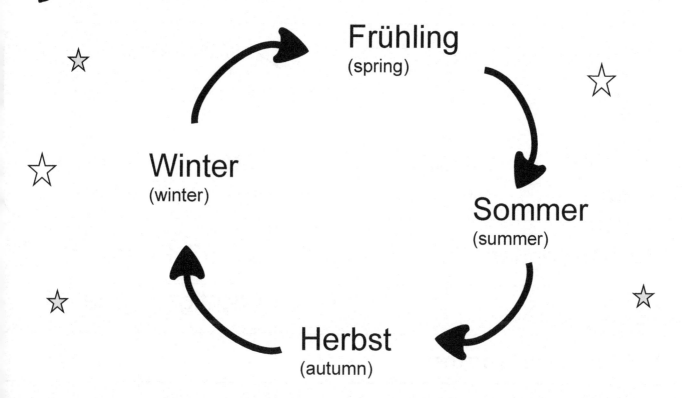

Frühling
(spring)

Winter
(winter)

Sommer
(summer)

Herbst
(autumn)

Verbinde die deutschen Wörter mit ihrer englischen Bedeutung.
(Draw a line from the German words to their English meaning)

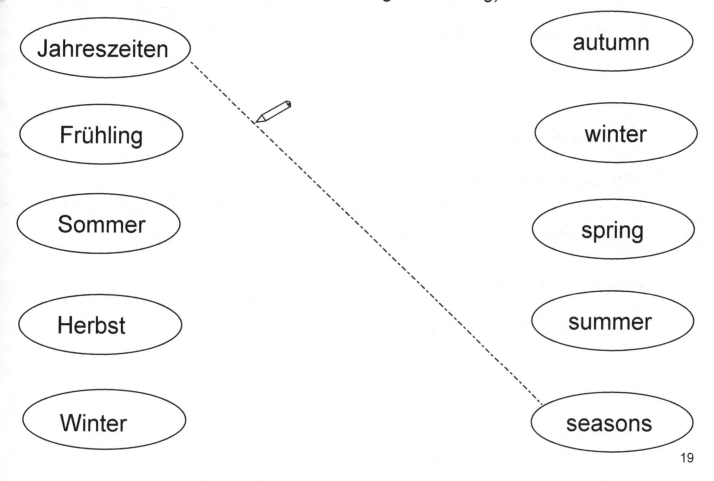

Jahreszeiten	autumn
Frühling	winter
Sommer	spring
Herbst	summer
Winter	seasons

19

Jahreszeiten (Seasons)

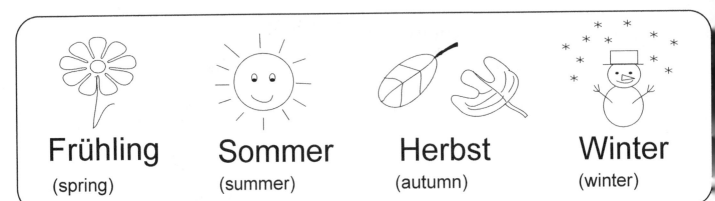

Frühling
(spring)

Sommer
(summer)

Herbst
(autumn)

Winter
(winter)

Sind die folgenden Sätze richtig oder falsch? Kreuze an ✕.

	richtig	falsch
1) Januar ist im Sommer.		✕
2) Dezember ist im Winter.		
3) Juli ist im Sommer.		
4) Februar ist im Herbst.		
5) April ist im Frühling.		
6) Juni ist im Sommer.		
7) Mai ist im Winter.		
8) September ist im Herbst.		
9) März ist im Sommer.		
10) August ist im Frühling.		
11) Oktober ist im Herbst.		
12) November ist im Sommer.		

Gitterrätsel (Word search)

Such die Wörter (Look for the words)

 JANUAR   FEBRUAR   MÄRZ   APRIL   MAI   JUNI   JULI

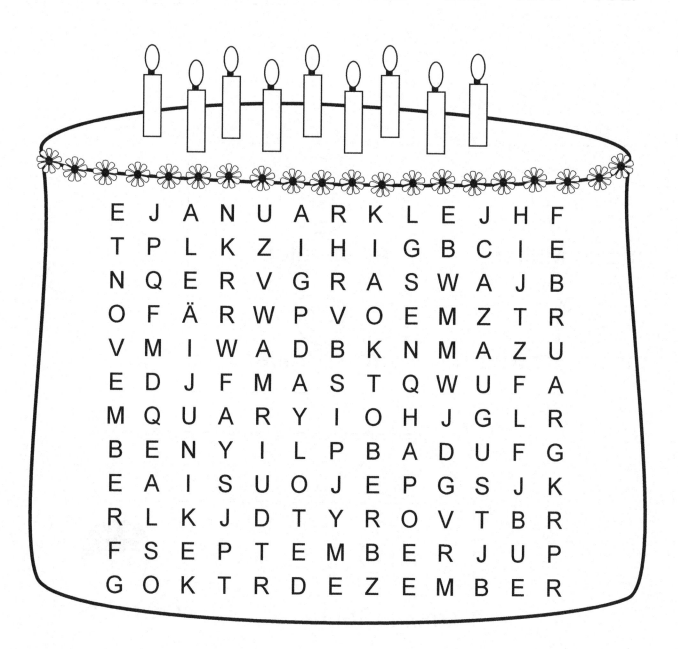

```
E  J  A  N  U  A  R  K  L  E  J  H  F
T  P  L  K  Z  I  H  I  G  B  C  I  E
N  Q  E  R  V  G  R  A  S  W  A  J  B
O  F  Ä  R  W  P  V  O  E  M  Z  T  R
V  M  I  W  A  D  B  K  N  M  A  Z  U
E  D  J  F  M  Ä  S  T  Q  W  U  F  A
M  Q  U  A  R  Y  I  O  H  J  G  L  R
B  E  N  Y  I  L  P  B  A  D  U  F  G
E  A  I  S  U  O  J  E  P  G  S  J  K
R  L  K  J  D  T  Y  R  O  V  T  B  R
F  S  E  P  T  E  M  B  E  R  J  U  P
G  O  K  T  R  D  E  Z  E  M  B  E  R
```

 AUGUST   SEPTEMBER   OKTOBER   NOVEMBER   DEZEMBER

Meine Familie

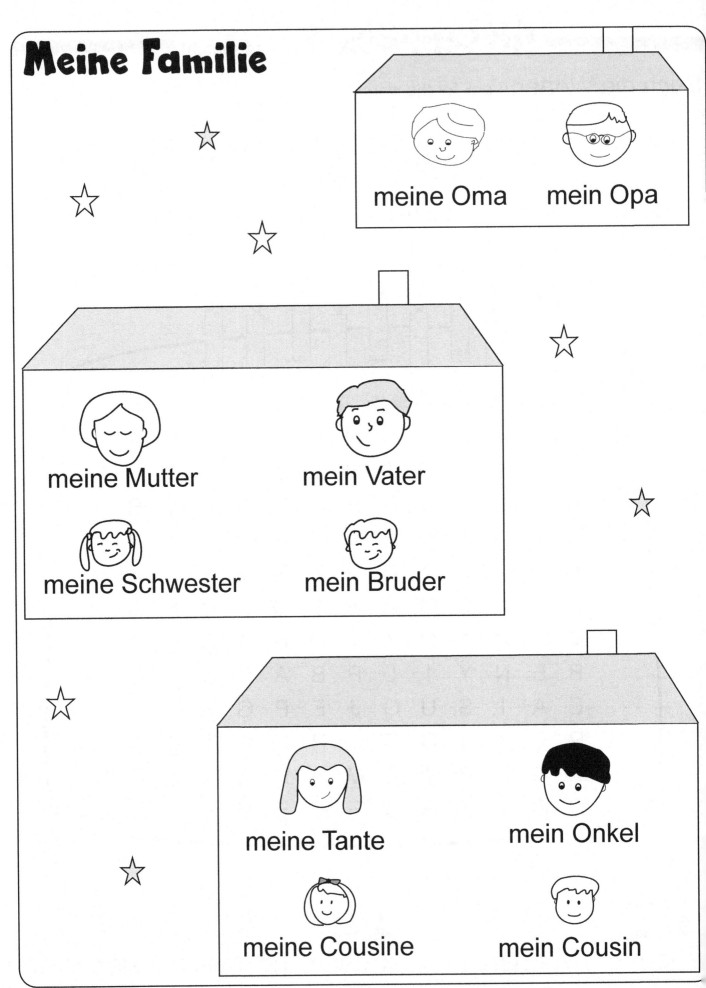

meine Oma   mein Opa

meine Mutter   mein Vater

meine Schwester   mein Bruder

meine Tante   mein Onkel

meine Cousine   mein Cousin

Wer ist das? (Who is it?)

Verbinde die deutschen Wörter mit ihrer englischen Bedeutung.
(Draw a line from the German words to their English meaning)

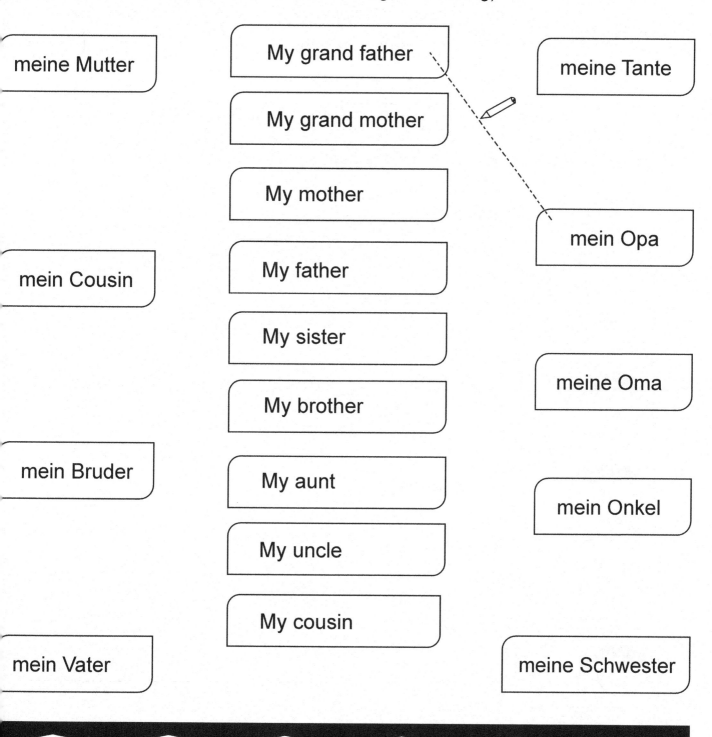

meine Mutter

My grand father

meine Tante

My grand mother

My mother

mein Opa

mein Cousin

My father

My sister

My brother

meine Oma

mein Bruder

My aunt

My uncle

mein Onkel

My cousin

mein Vater

meine Schwester

---

mein Opa - my grand father   meine Oma - my grand mother   mein Bruder - my brother

mein Vater - my father   meine Mutter - my mother   meine Schwester - my sister

mein Onkel - my uncle   meine Tante - my aunt   mein Cousin - my cousin

Hast du Geschwister?

(Do you have any brothers or sisters?)

Ich habe (I have)	eine Schwester (a sister) einen Bruder (a brother)	
	zwei drei vier	Brüder (brothers) Schwestern (sisters)
	keine Geschwister (no brothers or sisters)	

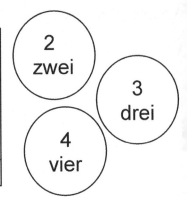

Fülle die Lücken aus: (Fill in the gaps)

1) Ich habe einen _Bruder_ _____ .

2)  _____ habe eine _____ .

3)  Ich habe _____ Bruder und _____ Schwester.

4)  Ich habe _____ _____ .

5)  ____ ____ ____ ____ ____ ____ ____ .

6)  ____ ____ ____ ____ ____ ____ ____ .

7)  ____ ____ ____ ____ ____ ____ ____ .

8)  _____ _____ keine Geschwister.

24

— Wie alt sind die Kinder? —

(How old are the children?)

Sie ist
(She is)

Er ist
(He is)

1	2	3	4	5
ein*	zwei	drei	vier	fünf

6	7	8	9	10
sechs	sieben	acht	neun	zehn

11	12	13	14	15
elf	zwölf	dreizehn	vierzehn	fünfzehn

Jahre alt.
(years old)

Schreib auf, wie alt die Kinder sind:

(Write how old the children are:)

a) 8   Er ist _*acht*_____ Jahre alt.

b) 6   Sie ist _____ Jahre alt.

c) 10   _____.

d) 12   _____.

e) 15   _____.

f) 14   _____.

* Er ist ein Jahre alt = He is one year old.   (Notice how **eins** changes to **ein** before Jahre alt)

Hast du Geschwister?

(Do you have any brothers or sisters?)

1) Lies den Brief: (Read the letter:)

> Hallo!
>
> Hast du Geschwister? Ich habe einen Bruder und eine Schwester.   Mein Bruder heißt Paul. Er ist zwölf Jahre alt. Meine Schwester heißt Stefanie. Sie ist acht Jahre alt.
>
> Mein Vater hat einen Bruder.   Mein Onkel heißt David.
>
> Meine Mutter hat eine Schwester.   Meine Tante heißt Klara.
>
> Bis bald!
>
>   Walter

2) Beantworte die Fragen: (Answer the questions:)

a) Does Walter have any brothers or sisters?   *one brother, one sister*
_____

b) Does Walter's father have a brother or a sister?   _____

c) Who is Klara?   _____

d) Who is Paul?   _____

e) How old is Walter's sister?   _____

f) What is Walter's uncle called?   _____

Hast du Geschwister? - Do you have any brothers or sisters?   Ich habe - I have

Mein Vater hat - My father has   Meine Mutter hat - My mother has

einen Bruder - a brother   eine Schwester - a sister

mein Onkel - My uncle   meine Tante - My aunt   heißt - is called

Gitterrätsel (Word search)

Such die Wörter (Look for the words)

MUTTER   VATER   SCHWESTER   BRUDER

OMA   OPA   ONKEL   TANTE   COUSINE   COUSIN

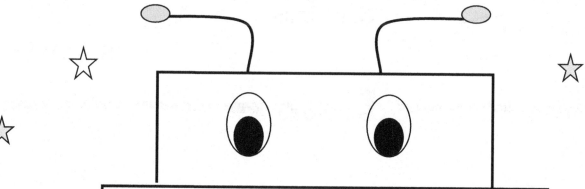

M	U	T	T	E	R	K	O	T	V	P	Y
Z	D	E	A	K	E	S	N	K	A	Q	S
C	O	M	Z	T	D	W	K	B	T	R	B
Q	O	P	N	Z	A	R	E	T	E	Y	R
S	C	A	I	B	R	U	L	S	R	T	U
A	T	H	Y	U	O	P	K	Z	M	Y	D
S	C	H	W	E	S	T	E	R	T	R	E
C	O	A	Q	C	O	U	S	I	N	K	R
W	P	L	X	E	R	H	J	D	S	Z	R
O	Y	C	O	U	S	I	N	E	L	H	J

das Fleisch

das Gemüse

das Hähnchen

das Brot

das Eis

das Obst

Essen

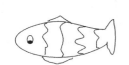

der Fisch

der Salat

der Käse

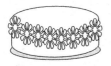

der Kuchen

die Pommes Frites

die Eier

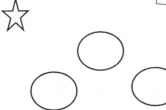

die Kartoffeln

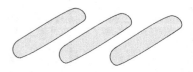

die Würste

Essen (Food)

Verbinde die deutschen Wörter mit ihrer englischen Bedeutung.
(Draw a line from the German words to their English meaning)

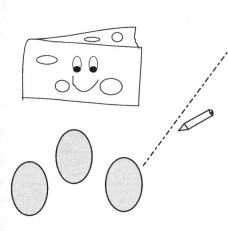

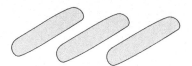

die Eier

der Fisch

der Salat

das Obst

das Eis

das Fleisch

das Brot

der Käse

das Gemüse

der Kuchen

die Kartoffeln

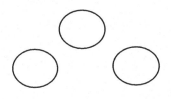

die Würste

das Hähnchen

die Pommes Frites

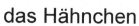

Essen (Food)

Schreib das korrekte deutsche Wort unter jedes Bild:
(Write the correct German word under each picture:)

1)

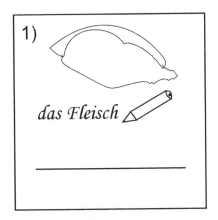

das Fleisch

_____

2)

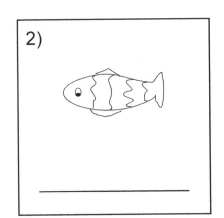

_____

3)

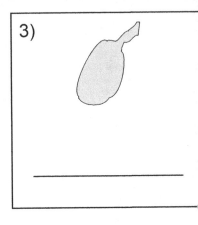

_____

4)

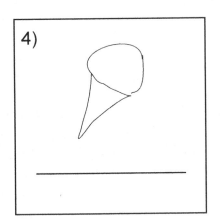

_____

5)

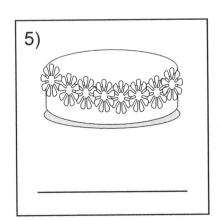

_____

6)

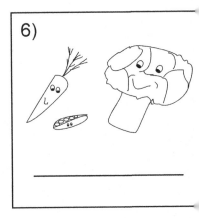

_____

7)

_____

8)

_____

9)

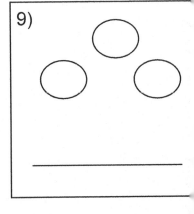

_____

der Fisch - fish   die Kartoffeln - potatoes   das Eis - ice cream

das Hähnchen - chicken   das Gemüse - vegetables   der Kuchen - cake

die Würste - sausages   der Salat - salad   das Fleisch - meat

Was isst deine Familie? (What is your family eating?)

Ich esse
(I am eating)

Mein Vater isst
(My father is eating)

Meine Mutter isst
(My mother is eating)

Mein Bruder isst
(My brother is eating)

Meine Schwester isst
(My sister is eating)

Wir essen
(We are eating)

Fisch

Hähnchen

Würste

Kartoffeln

Fleisch

Pommes Frites

Gemüse

Eier

Brot

Übersetze auf deutsch: (Write in German:)

Ich esse Hähnchen.

1) I am eating chicken. _____ .

2) My mother is eating fish. _____ .

3) My sister is eating sausages. _____ .

4) I am eating potatoes. _____ .

5) My dad is eating meat. _____ .

6) My brother is eating chips. _____ .

7) We are eating vegetables. _____ .

8) My brother is eating eggs. _____ .

9) We are eating bread. _____ .

10) My mother is eating chips. _____ .

Was isst du gern? (What do you like eating?)

Ich esse gern (I like eating)　　**mit** (with)　　**und** (and)

Ich esse gern Hähnchen mit Pommes Frites und Salat.

Sofia

Ich esse gern Fisch mit Pommes Frites und Gemüse.

Hans

Ich esse gern Fleisch mit Kartoffeln und Gemüse.

Peter

Walter

Ich esse gern Kuchen mit Eis.

Ich esse gern Würste mit Brot und Käse.

Clara

Lies, was die Kinder essen. (Read what the children are eating.)

Beantworte die Fragen: (Answer the questions:)

1) Who likes eating fish with chips and vegetables? _____Hans_____

2) Who likes eating sausages with bread and cheese? _____

3) What does Walter like eating? _____

4) What does Sofia like eating? _____

5) What does Peter like eating? _____

6) How many people say they like eating vegetables? _____

Fisch

Hähnchen

Fleisch

Käse

Gemüse

Würste

Pommes Frites

Kartoffeln

Salat

Kuchen

Ei

Brot

32

Ich hätte gern (I would like)

mit = with

und = and

Fülle die Lücken aus: (Fill in the gaps)

1)

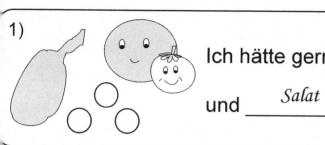

Ich hätte gern _Hähnchen_ _____ mit _Kartoffeln_ _____

und _Salat_ _____ .

2)

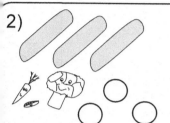

Ich hätte gern _____ mit _____

und _____ .

3)

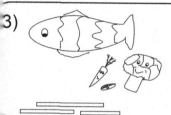

___ _____ _____

mit _____ _____ und _____ .

4)

___ _____ _____

mit _____ _____ und _____ .

5)

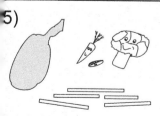

___ _____ _____

mit _____ _____ und _____ .

...sch   Hähnchen   Fleisch   Würste   Gemüse   Pommes Frites   Salat   Kartoffeln

33

Gitterrätsel (Word search)

Such die Wörter (Look for the words)

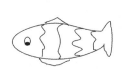 FISCH

 HÄHNCHEN

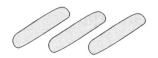 WÜRSTE

 FLEISCH

 SALAT

 POMMES FRITES

 KARTOFFELN

 GEMÜSE

```
H  P  O  M  M  E  S  F  R  I  T  E  S  Y
K  J  K  O  H  Ä  H  N  C  H  E  N  B  R
Ä  L  O  E  Q  S  K  A  B  R  O  T  G  F
S  K  B  U  I  R  E  K  A  R  T  N  O  L
E  M  S  E  F  S  F  I  H  K  E  W  Q  E
H  P  T  W  Ü  R  T  C  Q  H  Z  E  A  I
S  H  C  M  A  Z  S  Y  C  D  F  I  N  S
A  A  E  K  T  I  L  U  K  A  R  E  H  C
L  G  P  Q  F  M  K  Z  D  K  S  R  E  H
A  T  K  A  R  T  O  F  F  E  L  N  U  R
T  G  E  V  W  Ü  R  S  T  E  K  E  N  K
```

 EIER

 KUCHEN

 OBST

 EIS

 KÄSE

 BROT

Schulfächer

 Geschichte

 Kunst

 Geographie

 Sport

 Informatik

2 x 5 = Mathe

Religion

 Naturwissenschaften

 Musik

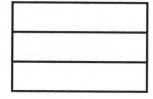 Deutsch

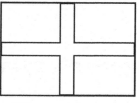 Englisch

Schulfächer (School subjects)

Schreib das korrekte deutsche Wort unter jedes Bild:
(Write the correct German word under each picture:)

1)
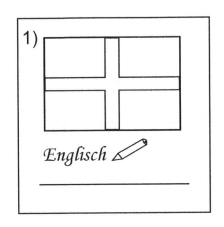
Englisch

2)
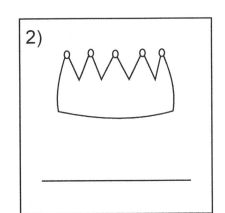

3)
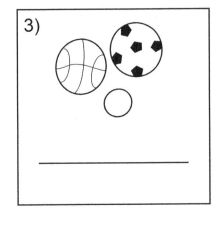

4)
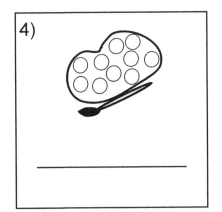

5)
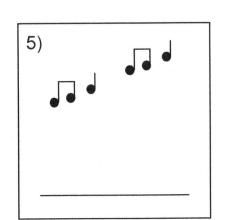

6)
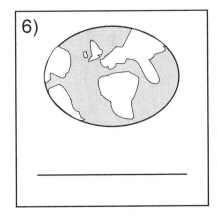

7)
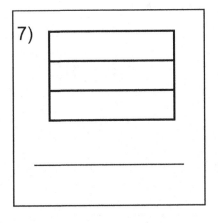

8)
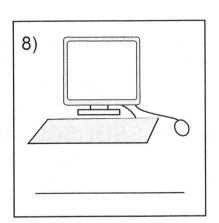

9)
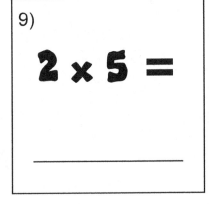

2 x 5 =

Deutsch (German)   Kunst (art)   Mathe (maths)   Sport (sport)   Musik (music)

Englisch (English)   Informatik (IT)   Geschichte (history)   Geographie (geography)

36

Mein Lieblingsfach (My favourite subject)

Mein Lieblingsfach ist (My favourite subject is)

Kunst (art)   Deutsch (German)   Geographie (geography)   Sport (sport)

Musik (music)   Englisch (English)   Informatik (IT)   Geschichte (history)

1   2   3   4   5   6   7   8

Folg den Linien und fülle die Lücken aus:
Follow the lines and fill in the gaps:)   *Kunst* ✏

1)   Mein Lieblingsfach ist _____ .

2)   Mein Lieblingsfach ist _____ .

3)   Mein Lieblingsfach ist _____ .

4)   Mein Lieblingsfach ist _____ .

5)   _____ _____ ist _____ .

6)   _____ _____ ist _____ .

7)   _____ _____ _____ .

8)   _____ _____ _____ .

Was lernst du gern? (What do you like learning?)

 Ich lerne gern
(I like learning)

 Ich lerne nicht gern
(I don't like learning)

Geschichte (history)   Deutsch (German)

Informatik (IT)   Mathe (maths)

Kunst (art)   Englisch (English)

Geographie (geography)

Beantworte die Fragen: (Answer the questions:)

1) | 2 x 5 = | Lernst du gern Mathe?

   Ich lerne gern Mathe.   /   Ich lerne nicht gern Mathe.

   _____ .

2) Lernst du gern Geschichte?

   _____ .

3) Lernst du gern Geographie?

   _____ .

4) Lernst du gern Kunst?

   _____ .

5) Lernst du gern Deutsch?

   _____ .

6) Lernst du gern Englisch ?

   _____ .

7) Lernst du gern Informatik?

   _____

Was lernt Peter gern? (What does Peter like learning?)

 Er lernt gern
(He likes learning)

 Er lernt nicht gern
(He doesn't like learning)

Kunst (art)	Englisch (English)
Geschichte (history)	Deutsch (German)
Informatik (IT)	Mathe (maths)
Geographie (geography)	Musik (music)

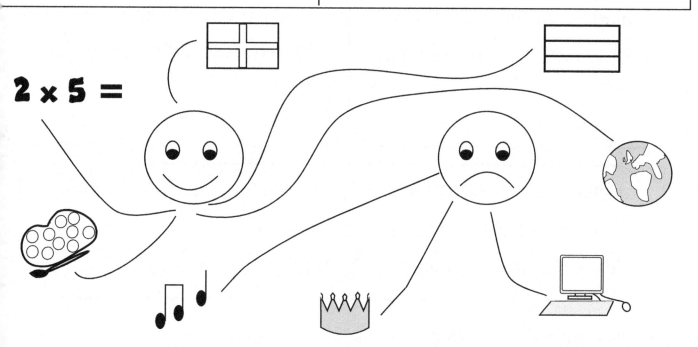

2 x 5 =

Sind die folgenden Sätze richtig oder falsch? Kreuze an ✕.

	richtig	falsch
1) Er lernt gern Geographie.	✕	
2) Er lernt gern Informatik.		
3) Er lernt gern Mathe.		
4) Er lernt gern Kunst.		
5) Er lernt gern Geschichte.		
6) Er lernt nicht gern Englisch.		
7) Er lernt nicht gern Musik.		
8) Er lernt nicht gern Deutsch.		

Ich mag Kunst lieber als Musik (I prefer art to music)

1) Lies die Briefe: (Read the letters:)

Hallo!

Mein Lieblingsfach ist Geschichte.

Ich lerne gern Englisch.

Ich mag Kunst lieber als Musik.

Ich lerne nicht gern Geographie.

Bis bald!

Hermann

Hallo!

Mein Lieblingsfach ist Religion.

Ich lerne gern Geschichte.

Ich mag Deutsch lieber als Mathe.

Ich lerne nicht gern Informatik.

Bis bald!

Marie

Hallo! Mein Lieblingsfach ist Sport. Ich lerne gern Informatik.

Ich mag Geschichte lieber als Geographie.

Ich lerne nicht gern Mathe. Bis bald!

Karl

2) Beantworte die Fragen: (Answer the questions:)

Hermann ✎

a) Who prefers art to music? _____

b) Who prefers German to maths? _____

c) Who's favourite subject is sport? _____

d) Who doesn't like Geography? _____

e) Who likes learning IT? _____

f) What is Hermann's favourite subject? _____

g) What does Marie not like learning? _____

Mein Lieblingsfach is
(My favourite subject is)

Ich lerne gern
(I like learning)

Ich mag Kunst lieber
als Musik.
(I prefer art to music)

Ich lerne nicht gern
(I don't like learning)

Bis bald!
(Bye for now)

Deutsch Mathe Geographie Musik Religion Englisch Informatik Sport Geschichte Kur

Gitterrätsel (Word search)

Such die Wörter (Look for the words)

DEUTSCH   ENGLISCH   GEOGRAPHIE   KUNST   GESCHICHTE   RELIGION

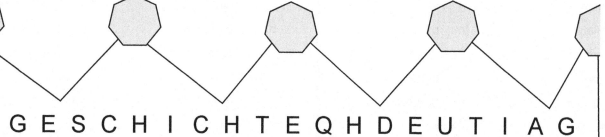

```
G E S C H I C H T E Q H D E U T I A G
D K M A S P O R T M C M U S R L N D M
N U Y W Z A H N A S T Y M I E A F X P
G N E G E C I N I N A T A G L L O Q L
E S N M S K S L M U K X T E I W R K J
D T G T J L G C T I M D H C G W M G F
G E U G R N N A S U R W E G I P A R T
J E C M E S W U G E O G R M O D T P G
D G E S C H M L O H J H D K N C I J T
Q W R G E O G R A P H I E G H J K M D
N A T U R W I S S E N S C H A F T E N
```

SPORT   INFORMATIK   MATHE   MUSIK

NATURWISSENSCHAFTEN

German		English	
	acht		eight
	achtunddreißig		thirty eight
	achtundzwanzig		twenty eight
	achtzehn		eighteen
	April		April
	August		August
	Bis bald		Bye now
	bitte		please
	blau		blue
der	Bleistift	the	pencil
	braun		brown
das	Brot	the	bread
mein	Bruder	my	brother
das	Buch	the	book
mein	Cousin	my	cousin (boy)
meine	Cousine	my	cousin (girl)
	Deutsch		German
	Dezember		December
	drei		three
	dreißig		thirty
	dreiunddreißig		thirty three
	dreiundzwanzig		twenty three
	dreizehn		thirteen
die	Eier	the	eggs
	eins		one
	einunddreißig		thirty one
	einundzwanzig		twenty one
das	Eis	the	ice cream
	elf		eleven
	Englisch		English
	er heißt		his name is
	er ist		he is
	Essen		food
	Februar		February

German		English	
das	Federmäppchen	the	pencil case
der	Fisch	the	fish
das	Fleisch	the	meat
	Frühling		spring
	fünf		five
	fünfunddreißig		thirty five
	fünfundzwanzig		twenty five
	fünfzehn		fifteen
	gelb		yellow
das	Gemüse	the	vegetables
	Geographie		geography
	Geschichte		history
	grau		grey
	grün		green
das	Hähnchen	the	chicken
	hallo		hello
das	Heft	the	exercise book
	Herbst		autumn
	ich esse		I eat
	ich esse gern		I like eating
	Ich habe		I have
	Ich hätte gern		I would like
	Ich heiße ….		My name is …
	ich lerne gern		I like learning
	ich lerne nicht gern		I don't like learning
	Ich mag		I like
	Informatik		IT
	Jahreszeiten		seasons
	Januar		January
	Juli		July
	Juni		June
die	Kartoffeln	the	potatoes
der	Käse	the	cheese
der	Kuchen	the	cake

German		English		German		English	
ler	Kugelschreiber	the	pen		sechsunddreißig		thirty six
	Kunst		art		sechsundzwanzig		twenty six
nien	Lieblingsfach	my	favourite subject		sechzehn		sixteen
las	Lineal	the	ruler		September		September
	Magst du….?		Do you like….?		sie heißt		her name is
	Mai		May		sie ist		she is
	März		March		sieben		seven
	Mathe		maths		siebenunddreißig		thirty seven
	mit		with		siebenundzwanzig		twenty seven
	Musik		music		siebzehn		seventeen
heine	Mutter	my	mother		Sommer		summer
	Naturwissenschaften		science	der	Spitzer	the	pencil sharpener
	neun		nine		Sport		sport
	neununddreißig		thirty nine	meine	Tante	my	aunt
	neunundzwanzig		twenty nine		und		and
	neunzehn		nineteen	mein	Vater	my	father
	November		November		vier		four
las	Obst	the	fruit		vierunddreißig		thirty four
	Oktober		October		vierundzwanzig		twenty four
neine	Oma	my	grand mother		vierzehn		fourteen
ein	Onkel	my	uncle		vierzig		forty
ein	Opa	my	grand father		weiß		white
	orange		orange		Winter		winter
e	Pommes Frites	the	chips		wir essen		we eat
er	Radiergummi	the	rubber	die	Würste	the	sausages
	Religion		religion	die	Zahlen	the	numbers
	rot		red		zehn		ten
er	Salat	the	salad		zwanzig		twenty
er	Schulranzen	the	school satchel		zwei		two
	schwarz		black		zweiunddreißig		thirty two
eine	Schwester	my	sister		zweiundzwanzig		twenty two
	sechs		six		zwölf		twelve

Answers

Page 3

a) Wieviel kostet der Radiergummi?
b) Wieviel kostet der Bleistift?
c) Wieviel kostet das Lineal?
d) Wieviel kostet der Spitzer?
e) Wieviel kostet das Heft?
f) Wieviel kostet das Buch?
g) Wieviel kostet der Kugelschreiber?
h) Wieviel kostet das Federmäppchen?

Page 4

zwei Lineale	drei Kugelschreiber
fünf Bleistifte	zwei Spitzer
drei Hefte	zwei Federmäppchen
vier Bücher	fünf Radiergummis

Page 5

1) Ben
2) Karl
3) four
4) two
5) three
6) Ben
7) Laura

Page 6

The pictures should be coloured as follows:

The rubber is pink
The pen is blue
The sharpener is yellow.
The book is red.
The ruler is purple.
The exercise book is green.
The pencil case is red.
The pencil is yellow.

Page 7

S	P	I	T	Z	E	R
				T		K
			F			U
		E	R			G
F	H			A		E
E			D			L
D	B	I				S
E	L	E				C
R	E	R				H
M	I	G				R
Ä	S	U				E
P	T	M				I
P	I	M				B
C	F	I		H		E
H	T	C				R
E		U				
N	B					
	L	I	N	E	A	L

Page 9

a) achtundzwanzig
b) siebenundzwanzig
c) dreiundzwanzig
d) sechsundzwanzig
e) vierundzwanzig
f) dreißig
g) zweiundzwanzig

Page 10

a) neunundzwanzig
b) achtundzwanzig
c) sechsundzwanzig
d) dreißig
e) fünfundzwanzig
f) einundzwanzig
g) dreiundzwanzig
h) vierundzwanzig
i) zweiundzwanzig
j) siebenundzwanzig

Page 11

a) einundzwanzig
b) siebenundzwanzig
c) dreißig
d) vierundzwanzig
e) dreißig
f) achtundzwanzig
g) fünfundzwanzig
h) vierundzwanzig
i) zweiundzwanzig
j) sechsundzwanzig

Page 12

a) vierunddreißig
b) einunddreißig
c) siebenunddreißig
d) achtunddreißig
e) dreiunddreißig
f) vierzig
g) neununddreißig

Page 13

a) vierunddreißig
b) achtunddreißig
c) siebenunddreißig
d) vierzig
e) neununddreißig
f) zweiunddreißig
g) fünfunddreißig
h) dreiunddreißig
i) sechsunddreißig
j) einunddreißig

Page 14

The robots should be coloured as follows:
Robot number 40 is red
Robot number 37 is green
Robot number 31 is yellow
Robot number 22 is purple
Robot number 29 is blue
Robot number 30 is pink
Robot number 35 is yellow
Robot number 34 is blue
Robot number 26 is red
Robot number 24 is green

Page 15

S		Z	W	E	I	U	N	D	Z	W	A	N	Z	I	G
I															
E		A	C	H	T	U	N	D	D	R	E	I	ß	I	G
B															
E	F	Ü	N	F	U	N	D	D	R	E	I	ß	I	G	
N															
U			E	I	N	U	N	D	Z	W	A	N	Z	I	G
N	V	I	E	R	U	N	D	D	R	E	I	ß	I	G	
D					G				G					G	
Z				I				I				I			
W			ß			Z				Z					
A		I			N			R							
N		E		A			E								
Z	R		W		I										
I	D		Z		V										
G	N	E	U	N	U	N	D	D	R	E	I	ß	I	G	

Page 18

) Mein Geburtstag ist im Februar.
) Mein Geburtstag ist im März.
) Mein Geburtstag ist im Dezember.
) Mein Geburtstag ist im Januar.
) Mein Geburtstag ist im Oktober.
) Mein Geburtstag ist im Juni.
) Mein Geburtstag ist im Juli.

Page 19

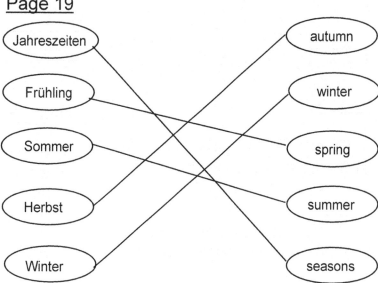

Page 20

1) falsch
2) richtig
3) richtig
4) falsch
5) richtig
6) richtig
7) falsch
8) richtig
9) falsch
10) falsch
11) richtig
12) falsch

Page 21

```
  J A N U A R     L           F
N         Z     I           I E
O       R       R       A     B
V   Ä       P   O   M         R
E M     A       K       A     U
M   J           T       U     A
B   U           I O     G     R
E   N       L   B       U
R   I   U       E       S
      J         R       T
  S E P T E M B E R
            D E Z E M B E R
```

Page 23

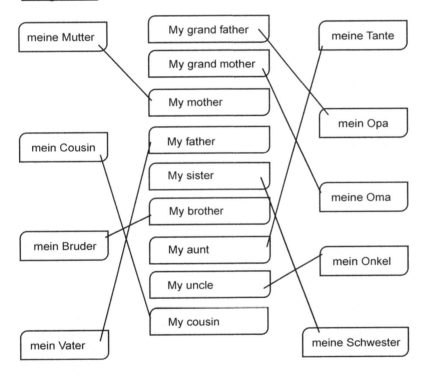

meine Mutter
mein Cousin
mein Bruder
mein Vater

My grand father
My grand mother
My mother
My father
My sister
My brother
My aunt
My uncle
My cousin

meine Tante
mein Opa
meine Oma
mein Onkel
meine Schwester

Page 24

1) Ich habe einen Bruder.
2) Ich habe eine Schwester.
3) Ich habe einen Bruder und eine Schwester.
4) Ich habe zwei Brüder.
5) Ich habe zwei Schwestern.
6) Ich habe drei Brüder.
7) Ich habe vier Schwestern.
8) Ich habe keine Geschwister

Page 25

a) Er ist acht Jahre alt.
b) Sie ist sechs Jahre alt.
c) Er ist zehn Jahre alt.
d) Sie ist zwölf Jahre alt.
e) Sie ist fünfzehn Jahre alt.
f) Er ist vierzehn Jahre alt.

Page 26

a) a brother and a sister
b) a brother
c) his aunt.
d) his brother
e) 8
f) David

Page 27

```
M  U  T  T  E  R     O     V
         A     E     N        A
      M     T     K     T        B
   O     N        E     E        R
      A              L     R        U
   T                          D
S  C  H  W  E  S  T  E  R        E
         A     C  O  U  S  I  N     R
   P
   O     C  O  U  S  I  N  E
```

Page 30

1) das Fleisch
2) der Fisch
3) das Hähnchen
4) das Eis
5) der Kuchen
6) das Gemüse
7) die Würste
8) der Salat
9) die Kartoffeln

Page 29

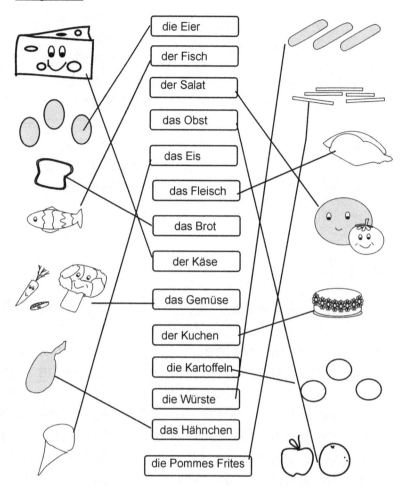

die Eier
der Fisch
der Salat
das Obst
das Eis
das Fleisch
das Brot
der Käse
das Gemüse
der Kuchen
die Kartoffeln
die Würste
das Hähnchen
die Pommes Frites

Page 31

1) Ich esse Hähnchen.
2) Meine Mutter isst Fisch.
3) Meine Schwester isst Würste.
4) Ich esse Kartoffeln.
5) Mein Vater isst Fleisch.
6) Mein Bruder isst Pommes Frites.
7) Wir essen Gemüse.
8) Mein Bruder isst Eier.
9) Wir essen Brot.
10) Meine Mutter isst Pommes Frites.

Page 32

1) Hans
2) Clara
3) Cake with ice cream
4) Chicken with chips and salad
5) Meat with potatoes and vegetables
6) Two

Page 33

1) Ich hätte gern Hähnchen mit Kartoffeln und Salat.
2) Ich hätte gern Würste mit Kartoffeln und Gemüse.
3) Ich hätte gern Fisch mit Pommes Frites und Gemüse.
4) Ich hätte gern Fleisch mit Pommes Frites und Salat.
5) Ich hätte gern Hähnchen mit Pommes Frites und Gemüse.

Page 34

```
  P O M M E S F R I T E S
K       H Ä H N C H E N
Ä   O       S     B R O T       F
S   B   I   E           N       L
E   S E S       H   E           E
      T Ü       C   H   E       I
S   M       S   C       I       S
A E     I   U           E       C
L G     F   K               R   H
A   K A R T O F F E L N
T           W Ü R S T E
```

Page 36

1) Englisch
2) Geschichte
3) Sport
4) Kunst
5) Musik
6) Geographie
7) Deutsch
8) Informatik
9) Mathe

Page 37

1) Mein Lieblingsfach ist Kunst.
2) Mein Lieblingsfach ist Geographie.
3) Mein Lieblingsfach ist Sport.
4) Mein Lieblingsfach ist Geschichte.
5) Mein Lieblingsfach ist Deutsch.
6) Mein Lieblingsfach ist Informatik .
7) Mein Lieblingsfach ist Englisch.
8) Mein Lieblingsfach ist Musik.

Page 38

If you like the subject :	If you don't like the subject:
1) Ich lerne gern Mathe.	Ich lerne nicht gern Mathe.
2) Ich lerne gern Geschichte.	Ich lerne nicht gern Geschichte.
3) Ich lerne gern Geographie.	Ich lerne nicht gern Geographie.
4) Ich lerne gern Kunst.	Ich lerne nicht gern Kunst.
5) Ich lerne gern Deutsch.	Ich lerne nicht gern Deutsch.
6) Ich lerne gern Englisch.	Ich lerne nicht gern Englisch.
7) Ich lerne gern Informatik.	Ich lerne nicht gern Informatik.

Page 39

1) richtig
2) falsch
3) richtig
4) richtig
5) falsch
6) falsch
7) richtig
8) falsch

Page 40

2a) Hermann
b) Marie
c) Karl
d) Hermann
e) Karl
f) History
g) IT

Page 41

```
G E S C H I C H T E   H           I
  K       S P O R T   C       R   N
  U           H   S       M   E   F
  N       C       I       A   L   O
  S       S   L       K   T   I   R
  T   T       G   I       H   G   M
    U       N       S         E   I   A
    E       E       U             O   T
D           M                     N   I
      G E O G R A P H I E         K
N A T U R W I S S E N S C H A F T E N
```

For children aged 7 - 11 there are the following books by Joanne Leyland:

Italian
Cool Kids Speak Italian (books 1, 2 & 3)
On Holiday In Italy Cool Kids Speak Italian
Photocopiable Games For Teaching Italian
Stories: Un Alieno Sulla Terra,   La Scimmia Che Cambia Colore,   Hai Un Animale Domestico?

French
Cool Kids Speak French (books 1 & 2)
Cool Kids Speak French - Special Christmas Edition
On Holiday In France Cool Kids Speak French
Photocopiable Games For Teaching French
Cool Kids Do Maths In French
Stories: Un Alien Sur La Terre,   Le Singe Qui Change De Couleur,   Tu As Un Animal?

Spanish
Cool Kids Speak Spanish (books 1, 2 & 3)
Cool Kids Speak Spanish - Special Christmas Edition
On Holiday In Spain Cool Kids Speak Spanish
Photocopiable Games For Teaching Spanish
Cool Kids Do Maths In Spanish
Stories: Un Extraterrestre En La Tierra, El Mono Que Cambia De Color, Seis Mascotas Maravillosas

German
Cool Kids Speak German book 1
Cool Kids Speak German book 2
Cool Kids Speak German book 3

English as a foreign language
Cool Kids Speak English books 1 & 2

For children aged 5 - 7 there are the following books by Joanne Leyland:

French
Young Cool Kids Learn French
Sophie And The French Magician
Daniel And The French Robot (books 1, 2 & 3)
Daniel And The French Robot Teacher's Resource Book (coming soon)
Jack And The French Languasaurus (books 1, 2 & 3)

German
Young Cool Kids Learn German

Spanish
Young Cool Kids Learn Spanish
Sophie And The Spanish Magician
Daniel And The Spanish Robot (books 1, 2 & 3)
Daniel And The Spanish Robot Teacher's Resource Book (coming soon)
Jack And The Spanish Languasaurus (books 1, 2 & 3)

For more information on the books available, and different ways of learning a foreign language go to **https://foreignlanguagesforchildren.com**

Made in the USA
Coppell, TX
15 September 2020